지구는 어디든 동물원이야 1

지구는 어디든 동물원이야

권오길 글 | 최경원 그림

1

150만 종

작가의 말

많은 사람들이 과학과 우리 일상생활은 연계성이 거의 없는, 별개인 것처럼 생각합니다. 그리고 과학은 어렵고 딱딱한 것으로 여깁니다. 그래서 나는 사람들이 과학과 좀 더 가까워졌으면 하는 마음에서 오랫동안 과학 글쓰기를 해왔습니다. 과학을 생활화하고 생활을 과학화하자는 취지로 말입니다. 주로 전공 분야인 생물학에서 성인과 청소년을 위한 쉬운 글을 썼고, 몇 권의 어린이 과학책도 냈습니다. 그러다 보니 어린이들과 과학이 더욱 친해질 수 있도록 더 쉽고 재미나는 어린이 과학책이 많이 나왔으면 하는 바람이 들었습니다. 특히 어린이 과학 교육의 기본이 되는 교과 내용을 좀 더 쉽고 친절하게 알려 주는 책이 꼭 필요하다고 느꼈습니다. 책읽기를 통해 과학 공부를 쉽고 즐겁게 할 수 있으면 하는 바람이 있었지요.

그래서 오랫동안 교과서를 연구 분석하고, 교과서와 과학이라는 힘든 주제를 어떻게 풀 것인가를 고민한 끝에 많은 과학 정보를 쉽고 재미있게 알려주면서 그 내용을 교과서에 맞게 엮어낸 책을 쓰게 되었습니다.

　이 책이 어린이들에게 이제 먼 곳에 있는 과학이 아닌 가까운 과학, 생활 속 과학, 쉬운 과학으로 다가갈 수 있도록 이끌어 주는 길라잡이가 되었으면 합니다.

　《지구는 어디든 동물원이야》는 우리 주변에서 볼 수 있는 동물 외에도 바다와 하늘에서 사는 동물, 그리고 사람들의 발길이 닿지 않는 깊은 곳에 살거나 우리 눈에 띄지 않을 만큼 작은 동물까지, 모든 동물에 대한 이야기입니다.

　동물이란 무엇인지, 어떤 기준으로 동물을 분류하는지, 어떻게 의사소통하고 스스로를 지키는지, 자손을 남기고 개체수를 유지하기 위해 어떤 행동을 하는지, 동물에 대한 모든 것이 자세하게 담겨 있어요.

　인류가 몰랐던 새 생물이 계속 생겨나기도 하지만 사라지는 동물이 훨씬 많아요. 이 순간에도 하루에 500종이 넘는 생물이 사라지고 있다고 해요. 이 책을 읽은 여러분은 지구에서 함께 살아야 할 동물 친구들이 사라지기 전에 관심을 갖고 한번 더 돌아보았으면 하고 기대합니다.

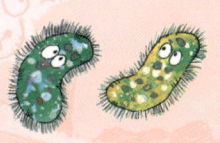

강원대학교 명예교수 권오길

이렇게 구성되었어요

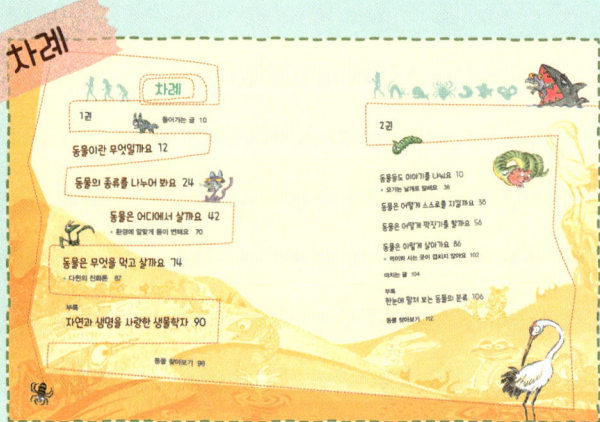

교과서를 보다 궁금해지면 차례부터 펴 보세요!

1학년부터 6학년까지 과학 교과서에서 꼭 알아야 하는 내용을 추려 엮고, 금세 찾을 수 있도록 주제별로 장 구성을 했습니다. 교과서에서 궁금한 내용이 나오면 차례부터 펴서 필요한 쪽을 펼쳐요.

중학교 과학 교과와 자연스럽게 연계돼요!

활동 위주의 초등학교 과학과 달리 개념 설명이 나오면서 갑자기 어려워지는 중학교 과학. 개념 설명과 지식 체계를 단단히 잡아 주니까 중학교 과학 교과에도 자연스럽게 적응할 수 있어요.

재미나게 읽다 보면 어느새 동물 이야기가 쏙쏙!

생물학 박사님이 딱딱한 과학을 말랑말랑한 글로 풀어 썼어요. 술술 재미나게 읽다 보면 교과서에 부분적으로 나오는 과학 지식을 전체적인 맥락 안에서 이해할 수 있게 된답니다.

정보

더 깊이 있는 과학 정보와 폭넓은 과학 상식!

본문에 나온 내용 가운데 더 깊고 넓게 알아 둘 필요가 있는 내용은 따로 담았어요. 세밀한 그림은 좋은 학습 자료가 되고, 깊이 있는 내용은 훌륭한 과학 길잡이가 되어 줄 거예요.

부록

한눈에 들어오는 그림 자료!

한눈에 펼쳐 볼 수 있는 포스터 같은 그림, 도표 등 다양한 부록이 학습 효과를 높여 줘요. 그림을 통해 읽었던 내용을 다시 한 번 정리할 수 있지요.

찾아보기

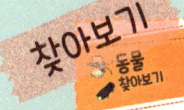

어디 있었더라? 궁금할 땐 찾아보세요!

책을 읽다가 '이 내용이 어디에 나왔더라? 몇 쪽에 있었지?'하고 찾게 되는 때가 있어요. 그런데 막상 찾으려고 하면 쉽지 않지요. 그래서 책을 읽은 뒤에, 또는 책을 읽으면서 필요한 내용을 쉽게 찾아볼 수 있게 뒷부분에 〈찾아보기〉를 실었어요. 궁금할 땐 〈찾아보기〉로 빨리, 쉽게 찾아 시간을 아끼세요.

차례

1권

들어가는 글 10

동물이란 무엇일까요 12

동물의 종류를 나누어 봐요 24

동물은 어디에서 살까요 42
- 환경에 알맞게 몸이 변해요 70

동물은 무엇을 먹고 살까요 74
- 다윈의 진화론 87

부록
자연과 생명을 사랑한 생물학자 90

동물 찾아보기 96

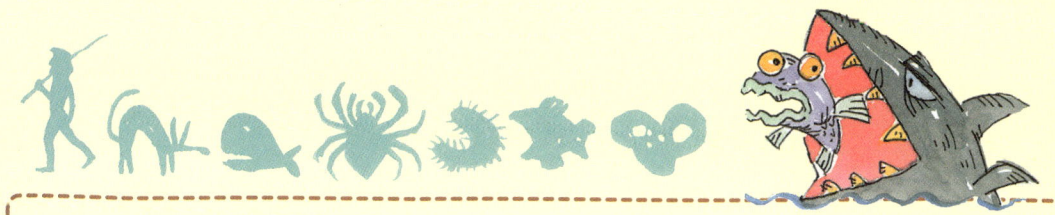

2권

동물들도 이야기를 나눠요 10
- 모기는 날개로 말해요 36

동물은 어떻게 스스로를 지킬까요 38

동물은 어떻게 짝짓기를 할까요 56

동물은 이렇게 살아가요 86
- 먹이와 사는 곳이 겹치지 않아요 102

마치는 글 104

부록
한눈에 펼쳐 보는 동물의 분류 106

동물 찾아보기 112

들어가는 글

우리는 지구상에서 살아 숨 쉬거나 움직이는 것들을 '생물'이라고 부릅니다. 이 생물은 크게 '동물, 식물, 미생물'로 나눌 수 있어요. 아니, '미생물, 식물, 동물'로 나누는 것이 더 정확하겠군요. 무슨 까닭이냐고요? 이 세상의 모든 생명이 미생물로부터 태어났으니까요.

우주는 지금으로부터 약 110억~150억 년 전에 엄청나게 뜨거운 물질이 큰 폭발을 일으켜서 만들어졌대요. 이 대폭발을 '빅뱅'이라고 부르지요.

우리가 사는 지구도 지금으로부터 46억 년 전에 태양이 폭발하면서 그 조각이 떨어져 나와 식어서 만들어졌대요. 처음에 지구는 아무것도 없는 쓸쓸한 땅이었어요. 그 뒤 생물이 생겨나면서 이렇게 76억 명의 인구가 북적거리는 별이 되었지요.

그리고 바다에서 저절로 생겨난 미생물과 뜨거운 온도에도 죽지 않고 견

디는 세균들이 조금씩 바뀌면서 수많은 생물이 생겨나게 된 것이랍니다.

이처럼 아주 보잘것없는 생물이 주변 환경에 적응하느라 변화를 거듭하는 것을 '진화'라고 해요.

어떤 과학자들은 지구에서 미생물이 스스로 생겨난 것이 아니라, 지구 밖에서 날아온 운석에 생명체가 묻어 왔다고 주장하기도 합니다. 종교인들은 이 세상의 모든 생명체가 하느님의 말씀으로 6일 만에 생겨났다고 믿고요. 하지만 어느 누구도 확인할 수는 없는 일이지요.

다만 지금 과학적으로 확실히 밝혀진 것은, 지구의 첫 번째 주인은 세균과 같은 미생물이었다는 사실입니다. 그다음으로 햇빛을 받아야 숨을 쉬고 산소를 만들어 낼 수 있는 광합성 식물이 나타났습니다. 그리고 그다음에 나타난 것이 동물이지요. 동물은 원시생물부터 척추동물까지, 현재 100만~150만 종이 알려져 있고, 그 가운데 약 80퍼센트는 곤충이 차지합니다. 동물은 식물이 만든 유기물을 영양분으로 섭취하고, 식물과는 다르게 운동 감각 따위의 기능이 발달했답니다.

이 책에서는 미생물과 식물의 도움으로 살아가는 동물에 대하여 살펴보려고 합니다.

동물이란 무엇일까요

동물을 한자로 쓰면 '動物'로 써요.
움직이는 것, 스스로 움직일 줄 아는 생물이라는 말이지요. 가고 싶은 곳은 어디든 가고,
눈·코·입의 감각기관이 있어 스스로 먹이도 찾아요.
그 외에도 동물의 특징은 어떤 것이 있을까요?
또 식물과 차이점은 무엇일까요?

몸을 움직여야 동물이지요

동물은 생물의 하나입니다. 생물계를 셋으로 나누었을 때 식물, 미생물과 함께 생물계를 이루는 한 부분이지요.

그럼 동물이란 무엇일까요? 동물이 무엇인지 간단히 설명하려면 다른 생물, 특히 식물과 다른 특징을 밝히면 쉽게 이해할 수 있어요. 동물은 어떤 점이 식물과 다를까요?

동물의 가장 큰 특징은 '움직임'입니다. 동물이란 이름도 '움직이는 것'이라는 뜻이지요. 꽃이 바람에 흔들려 저절로 움직이는 것과는 다릅니다. 동물은 스스로 움직일 줄 아는 생물이지요.

움직임이란 반드시 팔다리를 흔들고 춤을 추거나 뛰어다니는 것만을 얘기하는 게 아니에요. 동물에게는 사물을 보는 눈이나 냄새를 맡는 코와 같은 감각기관이라는 것이 있어서, 이것으로 주변의 다른 사물이나 사실을 깨닫는답니다.

또한 동물은 음식물을 섭취하고 소화시키며, 숨을 쉬고, 똥을 누고, 자식을 낳아 기릅니다. 이 모든 것이 '움직임'이지요. 동물은 이처럼 감각을 느끼고 운동을 하는 생물입니다.

동물이 움직이는 이유는 자기 자신을 보호하고 살아가기 위해서

입니다. 위험한 적이 가까이 다가오면 재빨리 몸을 피하거나 달려들어서 싸워야 하지요. 또한 음식을 먹고 힘을 내기 위해서는 사냥이나 농사와 같이 먹이를 찾는 행동을 해야 해요. 이것은 모두 자신을 지켜 내고 살아 나가기 위한 행동입니다.

그런데 그다지 발달하지 못한 하등한 생물로 내려갈수록 동물인지 식물인지 잘 구분되지 않는 경우가 많습니다. 언뜻 보면 동물같이 생겼는데 한편으론 식물의 특징을 가진 생물인 '단세포 생물'이

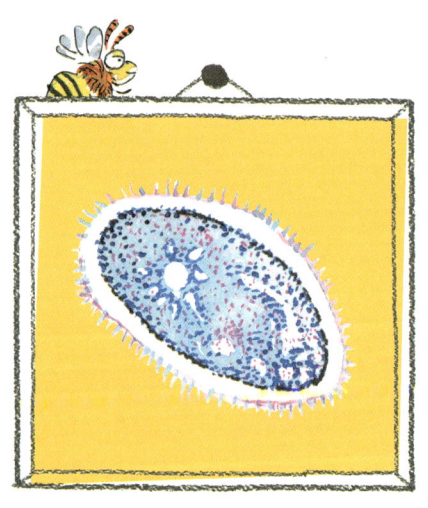

짚신벌레
가장 대표적인 단세포 생물로, 앞부분은 둥글고 뒷부분은 원뿔 모양으로 뾰족한 짚신같이 생겼어요. 몸 전체에 촘촘히 나 있는 섬모로 움직여요.

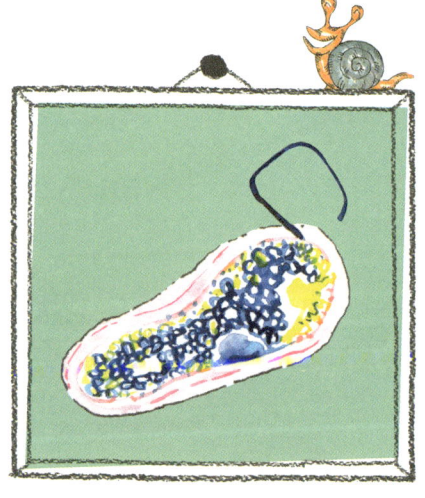

유글레나
연두벌레라고도 불리는 단세포 생물로, 양 끝이 뾰족한 원기둥 모양이에요. 긴 채찍 모양의 편모를 이용해 운동을 해요.

바로 그렇지요.

짚신벌레와 유글레나 같은 단세포 생물은 빛과 같은 자극에 반응하기도 하고, 운동도 할 수 있습니다. 그런데 신기하게도 짚신벌레는 감각기관이 없고, 유글레나는 몸속에 식물처럼 엽록체를 가지고 있어요. 그래서 완전한 동물이라고는 볼 수 없지요. 이렇게 딱 잘라 구별이 되지 않는 생물도 있으리만큼 지구 상의 생물은 신비롭고 복잡하답니다.

머물러 있는 식물, 돌아다니는 동물

식물은 한번 씨앗이 땅에 묻혀서 자리를 잡으면 평생 그 자리를 떠나지 않고 눌러 삽니다. 땅속에 뿌리를 내리지요. 뿌리를 내리면 바람이 불거나 비가 와도 쓰러지지 않게 잘 받쳐 줘요.

동물은 자기 집이 있기도 하지만 늘 집에서 사는 것은 아니고, 보통 때는 여기저기 자유롭게 돌아다닙니다. 식물은 햇빛과 물을 먹고 자기 스스로 영양분을 만들어 살지만, 동물은 먹을 것을 찾으러 나서야 하니까요.

식물과 동물은 둘 다 자기를 꼭 닮은 자식을 퍼뜨리려고 온갖 정성을 기울입니다.

한곳에서 계속 살면 지겹지 않을까?

식물과 동물에게 그런 성질이나 본능이 없다면 자연계가 계속 돌고 돌지도 않을 것이고, 결국 우리는 이 지구에서 살아갈 수 없을 거예요.

식물은 한자리에 붙박여 살아가기 때문에 나쁜 환경에 둘러싸여도 도망을 갈 수 없습니다. 오로지 강인한 힘으로 견뎌 내야만 자손을 퍼뜨릴 수 있지요.

또한 식물은 혼자서 자손을 만들지 못하고, 꿀벌이나 나비, 바람 따위가 꽃가루를 옮겨 주어야 합니다.

동물도 환경에 적응하면서 살아가지만, 심한 폭풍이나 화재가 일어나면 도망쳐서 새로운 환경에서 살아갑니다. 또한 식물과는 달리 자손을 남기기 위해서 자신이 직접 적극적으로 짝을 찾아 나서지요.

식물과 동물의 이 같은 특징은 각각 자기의 자손을 조금이라도 더 많이, 조금이라도 더 좋은 품질로 퍼뜨리기 위해서입니다.

운동기관을 가진 동물은 땅뿐만 아니라, 종류에 따라서는 물과 하늘 어디서든지 살아갈 수 있습니다.

그러므로 정해진 곳에 자리를 잡고 사는 식물에 비해 그 종류가 훨씬 더 많으리란 걸 쉽게 예상할 수 있지요.

그러면 우리가 사는 지구에는 얼마나 많은 동물이 살고 있을까요?

 이름이 붙은 것만도 150만 종에 이르고, 아직 이름을 지어 주지 못한 정체 모를 동물들을 아우르면 그 수는 더욱 많아집니다.
 새로 생겨나는 동물도 있고, 살다가 지구 상에서 완전히 사라진 동물도 있다는 사실을 생각하면, 150만 종이란 지금 지구에 사는 동물의 약 20퍼센트에 지나지 않는답니다.
 아직 이름을 붙여 주지 못한 80퍼센트의 동물들을 만나보고 연구하는 것은, 미래의 과학자인 어린이 여러분의 몫입니다.

지금도 해마다 수천 종의 새로운 동물이 발견되어 이름이 붙여지고 있지만, 아직 우리가 그 존재조차 모르는 것이 더 많아요.

눈에 보이는 동물이 이 정도인데, 곰팡이나 세균 같은 작은 생물의 세계는 더 말할 나위도 없겠지요.

우리 모두 알려지지 않은 생물을 밝혀내는 데 앞장서면 어떨까요? 새로 발견된 생물에는 그 생물을 처음 발견한 사람의 이름을 붙이기도 하니, 잘하면 내 이름을 영원히 남길 수도 있답니다. 호랑이는 죽어서 가죽을 남기고, 사람은 죽어서 이름을 남긴다잖아요.

그러니 주변의 모든 생물을 꼼꼼하게 살펴보세요.

동물원에서 볼 수 있는 기린, 코끼리, 호랑이 같은 동물 뿐만 아니라 물에 사는 물고기는 물론 불가사리, 조개, 산호도 동물이에요. 나무나 땅 속에 사는 애벌레나 곤충도 동물이고요. 어떤 것은 뼈가 있고, 어떤 것은 껍질이 딱딱해요. 어떤 것은 다리가 있고, 어떤 것은 비늘이 있어요. 동물의 생김새나 특징에 따라 나눌 수 있는데, 동물을 나누는 기준은 뭘까요?

개도 개 나름, 구분의 기준 알기

앞에서 말했듯이 어림잡아 150만 종의 동물이 지구에 살고 있습니다. 그런데 여기서 '종'이란 무엇일까요?

우리가 흔히 생물을 연구할 때 쓰는 '종'은 '공통적인 특징을 가지면서 서로 짝짓기를 해서 생식 능력이 있는 자손을 낳을 수 있는 무리'를 말합니다.

개를 한번 살펴 볼까요?

사람의 오랜 친구인 개만 해도 지구에 400여 종류가 살고 있다고 합니다. 주먹만 한 개부터 내 키보다 큰 개, 썰매를 잘 끄는 개, 사냥을 잘하는 개 등 그 종류가 매우 많지요. 이 세상 모든 개는 이렇게 몸의 크기와 모양, 특징이 저마다 다르지만 모두 같은 '종'에 속합니다.

사람도 마찬가지예요. 피부 색은 달라도 흑인, 황인, 백인이 모두 '사람'인 것처럼요. 하지만 사람과 원숭이는 서로 다른 종이고, 개와 늑대도 서로 다른 종

이지요.

　서로 다른 모양과 특징을 가진 개가 짝짓기를 하여 잡종 새끼를 낳을 수 있다면, 그것을 '같은 종'이라고 합니다. 그런데 개와 곤충이 짝을 짓고 새끼를 낳을 수 있을까요? 생각할 수도 없겠지요. 그러므로 이들은 다른 종입니다.

　하지만 또 모르지요. 환경이 오염되고 생태계가 파괴되면 상상도 못 했던 것들끼리 짝을 이루어 새로운 생명체가 태어날지도요.

　일반적으로 동물을 구분하는 기준에는 여러 가지가 있습니다.

　그 동물을 이루고 있는 세포의 개수가 몇 개인지, 등뼈가 있는지 없는지에 따라 구분하기도 해요.

🐾 단세포 동물과 다세포 동물　　🐾 무척추동물과 척추동물

바깥 온도에 맞춰 몸의 온도가 변하는지 변하지 않는지에 따라 구분하기도 해요.

변온 동물과 항온 동물

또한 다리의 개수, 깃털이 있는지 비늘이 있는지에 따라 구분하기도 합니다.

이렇게 여러 가지 기준에 따라 동물의 종류를 나눌 수 있습니다. 이런 기준은 아주 간단한 것으로, 이렇게 나누고서도 그 아래 갈래로 여러 가지 기준에 따라 또 여러 종류로 나눌 수 있어요.

예를 하나만 들어 볼까요? 동물 가운데서도 특히 '곤충류'만을 골라볼까요? 곤충으로 분류하기 위한 기준으로는 이런 것들이 있어요.

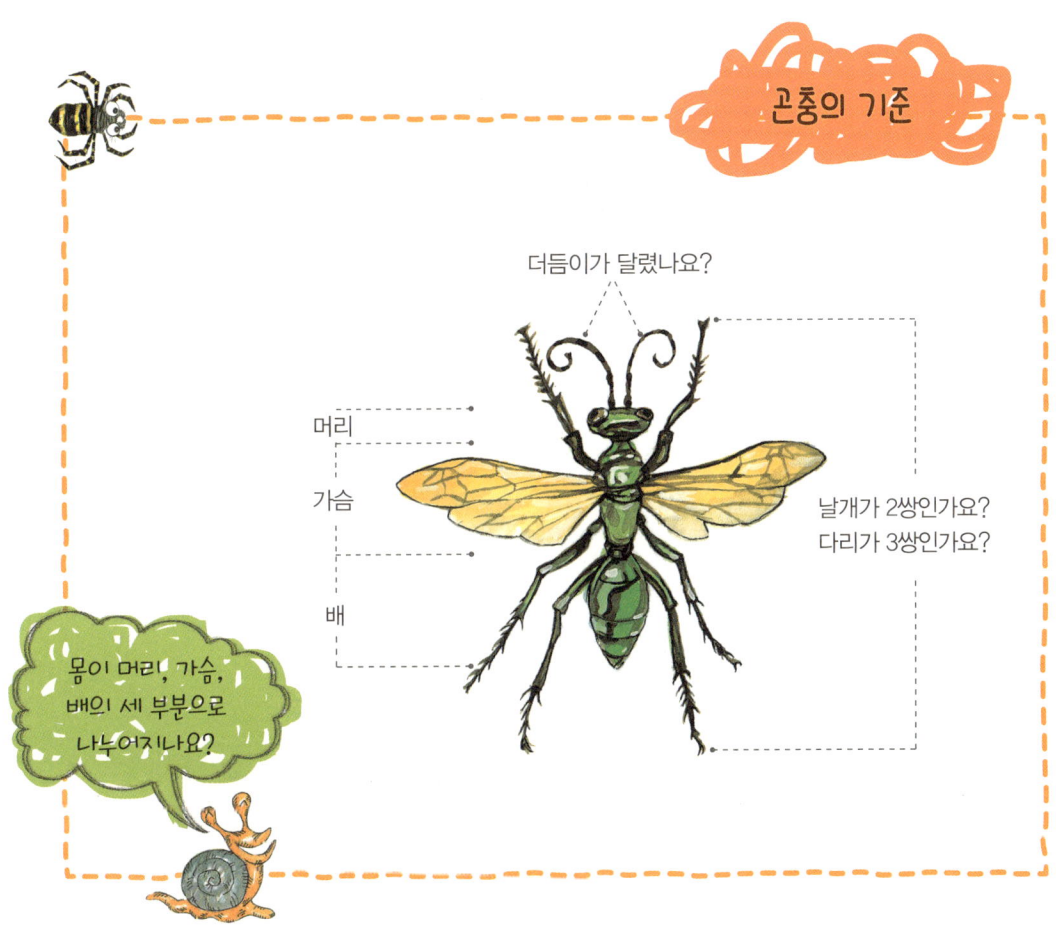

곤충의 기준

더듬이가 달렸나요?

머리
가슴
배

날개가 2쌍인가요?
다리가 3쌍인가요?

몸이 머리, 가슴, 배의 세 부분으로 나누어지나요?

다음 그림을 잘 보세요.

이렇게 맨눈으로 관찰할 수 있는 기준 이외에도, 현미경으로 들여다보아야 알 수 있는 특징까지 합하면 그 분류 기준은 더욱 늘어납니다.

옆 그림에서 등뼈가 있는 동물은 무엇일까요? 그리고 등뼈가 없는 동물은 무엇일까요?

금붕어, 개구리, 거북, 목도리도마뱀, 참새, 제비, 박쥐, 사자는 등뼈를 가졌어요. 이런 동물을 '척추동물'이라고 해요.

지렁이, 달팽이, 불가사리, 플라나리아는 등뼈가 없지요. 이런 동물은 '무척추동물'이라고 하고요.

그런데 척추동물 안에도 물고기(금붕어), 양서류(개구리), 파충류(거북과 목도리도마뱀), 새(참새와 제비), 아기를 낳고 젖을 먹이는 동물(박쥐와 사자), 이렇게 갈래가 나누어집니다.

자, 그럼 다음 동물들의 공통점은 무엇일까요?

이들은 모두 겉보양이 너무나 다르고 특징도 서로 다르기 때문에, 한번 힐끔 보아서는 도대체 '동물'이라는 공통점 말고 무엇이 비슷한지 알기가 쉽지 않아요. 그러나 겉모양은 많이 달라도, 이들은 기본적으로 몸이 '마디마디'로 되어 있습니다. 그래서 이들을 '절지동물'이라고 부른답니다.

절지동물 중에도 몸뚱이가 단단한 껍데기로 되어 있는 게와 가재는 '갑각류'라고 하고, 나비와 사슴벌레를 '곤충류'라고 하며, 거미는 곤충에 속하지 않는 '거미류'라고 합니다.

이렇게 복잡하고 다양한 동물의 종류를 알기 쉽게 나타내고 각각의 예를 들면 다음 쪽 그림과 같아요.

그럼 우리가 쉽게 볼 수 있는 '곤충'은 어디에 속할까요? 곤충은 무척추동물로 '절지동물문'에 속하고 그중에서도 '곤충강'에 속하는 '곤충류'입니다.

그런데 문, 강, 류, 이런 말은 대체 무엇일까요? 다음의 린네 이야기를 읽어 보면 알 수 있답니다.

무척추동물

원생생물
짚신벌레, 아메바,
유글레나 등

강장동물
히드라, 산호,
말미잘, 해파리 등

편형동물
플라나리아,
디스토마, 촌충 등

환형동물
지렁이, 거머리 등

연체동물
달팽이, 조개,
오징어 등

극피동물
불가사리,
해삼, 성게 등

절지동물
나비, 지네,
거미 등

척추동물

어류
고등어,
금붕어 등

양서류
도롱뇽,
개구리 등

파충류
도마뱀, 거북,
악어 등

조류
참새, 제비,
펭귄 등

포유류
고래, 사자,
호랑이 등

이름 없는 풀은 없어요

린네는 동물과 식물을 저마다의 특징에 따라 나누는 방법을 구체적으로 만든 과학자입니다.

린네 말고도 여러 과학자들이 그와 같은 방법을 만들려고 연구했어요. 철학자로 잘 알려진 고대 그리스의 아리스토텔레스도 그랬지요. 하지만 모든 과학자들을 통틀어 동식물을 분류하는 데 가장 체계적인 기준을 세운 사람은 린네입니다.

린네는 스웨덴의 식물학자예요. 그는 일찍부터 여러 가지 물건을 모아서 거기에 어떤 기준을 만들고 나누는 데 관심이 많았어요. 린네는 그중에서도 특별히 꽃을 좋아했어요. 그래서 식물을 중심으로 해서 수많은 생물을 어떤 기준에 따라 나누고 각각의 서로 다른 성질을 가진 생물에 '종'이라는 이름을 붙였습니다. 그리고 비슷한 종끼리 모아 '속'이라고 했어요. 그러니까 하나의 '속'에는 여러 가지 '종'이 들어 있게 됩니다.

누가 봐도 쉽게 알 수 있는 분류 방법이 있을까?

여러 속이 모여 '과'를 이루고, 여러 과가 모여 '목', 여러 목이 모여 '강', 여러 강이 모여 '문', 여러 문이 모여 마침내 '계'에 이릅니다.

린네가 이렇게 여러 가지 기준에 따라 식물의 종류를 나누어 놓은 까닭은, 지구상에 너무 많은 식물이 있어서 식물에 대해 우리가 다 알기 어려웠기 때문입니다.

린네의 분류법은 동물을 나누는 데도 쓰이게 되었지요.

이렇게 동식물을 갖가지 기준으로 나누는 학문을 가리켜 '분류학'이라고 합니다. 분류학은 한마디로 말해 동식물들 사이에 계급을 정해 주어 나누는 일이라고 할 수 있지요. 린네가 세운 동식물의 분류 기준, 즉 계급은 다음과 같아요.

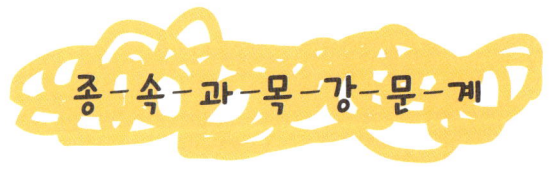

종-속-과-목-강-문-계

이것을 '사람'을 예로 들어 알기 쉽게 설명해 볼게요. 사람은 아주 큰 범위에서 '동물계'에 속하고, 동물계 중에서도 '척추동물문(등뼈가 있는 동물)' 속에 들어가요.

'척추동물문' 속에서도 젖먹이동물인 '포유강'에 들어가고, '포유강' 속에서도 '영장목'에 들어가요. 사람은 '만물의 영장'이라고 하잖아요.

'영장목' 속에서는 '사람과', '사람과' 속에서 '사람속', 그렇게 하여 가장 아래 계급을 '사람종'이라고 합니다.

이렇게 동식물에 계급장을 주어 붙이는 일은 고등학교에 올라가면 생물 시간에 좀 더 자세히 배울 거예요.

린네가 남긴 큰 업적은 혼란스러울 만큼 많은 이 세상의 동식물을 알아보기 쉽게 정리한 것이랍니다.

린네가 남긴 또 다른 업적은 동식물의 이름을 붙일 때 '학명'을 사용한 일이지요. 학명은 생물학에서 쓰이는 세계 공통적인 이름이에요. 우리말과 영어, 프랑스어, 일본어 등 나랏말이 서로 다르니 똑같은 새를 보면서도 서로 다르게 부릅니다. 그래서 '학명'이라는 만국 공통어를 만들어 부르게 한 것이지요.

종 생물 분류의 가장 기본 단위예요.
같은 종끼리는 생식 가능한 2세를 낳아요.

속 아주 비슷한 특징을 가진 몇 개의 종이 모인 것을 말해요.

과 생물 분류에 사용하는 기본적 구별 단계예요. 비슷한 특징을 가진 몇 개의 속이 모인 것을 말해요.

목 몸의 구조나 형태가 같은 것끼리 모아 분류한 것을 말해요.

강 눈에 보이는 형태나 생식적으로 비슷한 것끼리 모인 것을 말해요.

문 아주 먼 옛날의 공통된 조상을 가진 생물의 무리를 말해요.

계 생물의 분류 단계 중에서 가장 큰 단위를 말해요.

예를 들어 볼까요? '사람'은 우리나라에서는 '사람'이라고 하지만 영어로는 '휴먼', 일본어로는 '히토'입니다. 그런데 사람의 학명은 '호모 사피엔스(Homo sapiens)'라고 하는데, 학명은 어느 나라에서나 같답니다. 일본에서도 미국에서도 사람의 학명은 호모 사피엔스이지요.

학명은 하나의 생물에 두 가지 이름을 이어서 지어 붙인 것으로 '이명법'이라고도 합니다. 이명, 즉 두 가지 이름이란 '속명'과 '종명'을 말해요. 속과 종이라는 단위에 대해서는 앞에서 살펴보았지요?

호모 사피엔스에서 '호모(Homo)'는 속명으로 '사람' 또는 '영장류'라는 뜻이고, 뒤의 '사피엔스(sapiens)'는 종명으로 '영리하다'는 뜻이에요. 사람의 특성을 이보다 잘 나타낸 말이 있을까요? 영리하지 못하면, 즉 생각할 줄 모르면 사람이 아니란 말입니다. '호모 사피엔스'라고 하면 세계 어느 나라 사람이든 고개를 끄덕일 거예요.

이렇게 '학명'을 붙이는 이유는, 앞에서 말했듯이 나라마다 쓰는

언어가 다르기 때문에 모두가 알아듣도록 하기 위해서예요. 경상도·전라도·제주도 사투리가 서로 달라 표준어를 정해서 쓰는 것과 마찬가지이지요.

지구상에 있는 모든 생물은 새롭게 발견되는 대로 제 이름을 갖게 됩니다. 따라서 조그만 잡초 하나도 '이름 없는 풀'은 없습니다. 단지 아직까지 '이름을 모르는 풀'일 뿐이지요.

동물은 어디에서 살까요

아주 덥거나 추운 곳, 물기가 많거나 메마른 사막에서도
동물은 살아요. 밝은 곳에서도, 어두운 동굴이나 바위 아래서도,
어디든 동물이 살아요. 동물은 사는 곳에 적응하면서 몸의 모양과
사는 방식이 달라져요. 하늘에서, 바다에서, 땅에서 그리고
땅 속에서 어떤 동물이 어떤 모습으로 살아갈까요?

삶터 만들기와 먹이 찾기

사람에게는 집이 있고 물고기에게는 물이 있고 박쥐에게는 동굴이 있습니다. 이렇게 동물들은 저마다 사는 곳이 각각입니다.

동물들이 어디서 어떻게 살아가는지를 알아보려면 먼저 동물이 사는 곳을 장소에 따라 크게 나눌 필요가 있습니다. 예컨대 하늘, 땅, 그리고 물로 나눌 수 있지요.

난 하늘이 좋아.

난 땅도 좋고 물도 좋아.

하늘은 새들이나 곤충이 잠깐 동안 날아다니며 움직이는 곳입니다.

하지만 계속 하늘에 떠서 살 수는 없어요.

그러니까 하늘은 잠깐 동안의 삶터라고 볼 수 있지요.

곤충은 자기보다 더 작은 벌레를 잡아먹기 위해 낮게 날고, 제비는 그 곤충을 잡아먹기 위해 낮게 날아요. 동물들이 여러 곳에서 사는 이유는 '삶터 만들기'와 '먹이 찾기'를 위해서입니다.

많은 동물들이 살아가는 곳은 다름 아닌 땅입니다. 몹시 추운 북극, 남극에서부터 몹시 더운 열대에 이르기까지, 흙이 있는 곳이면 어디나 동물이 살아요.

난 바다가 좋은데.

동물은 각자의 환경에 따라 추위를 이기며 살기도 하고, 더위를 견디며 살기도 합니다. 그래서 열대 지방의 동물과 극지방의 동물, 높은 산 속에 사는 동물, 우리나라와 같은 온대 지방에 사는 동물, 메마른 사막에서 살아가는 동물은 제각기 종류와 모습이 달라요.

더 세세하게 살펴보면, 밭에 사는 동물과 논에 사는 동물이 있고, 땅 위에 사는 동물이 있는가 하면 땅속에 사는 동물도 있습니다. 바위틈에서, 나무에서, 응달에서, 양달에서……. 이렇게 동물들은 저마다 사는 곳이 무척 다양해요.

🐾 **달팽이**
달팽잇과에 속하는 연체동물이에요. 크기는 1~100mm로 다양하고 2쌍의 더듬이가 있어요.

우리 주위에서 볼 수 있는 동물 가운데 달팽이와 쥐며느리가 어디에 살고 있는지 한번 살펴볼까요? 왜 이렇게 작은 동물들이 사는 데를 알아보느냐고요? 우리는 눈에 보일 듯 말 듯한 작고 하찮은 것이야말로 가장 소중하다는 것을 잊고 있거든요.

달팽이는 등에 딱딱한 껍데기 집을 지고 사니까, 굳이 집이 필요 없을 것 같다고요? 천만에요! 달팽이를 손가락으로 건드리면 딱딱한 껍데기 속으로 쏙 몸을 숨기지만, 그래도 그건 달팽이의 집은 아니에요. 달팽이도 머물 곳이 있어야 해요.

🐾 공벌레

🐾 쥐며느리
쥐며느릿과에 속하는 절지동물이에요. 몸길이는 약 11mm이고 납작해요. 공벌레와 비슷하게 생겼지만 건드려도 몸을 동글하게 말지는 않아요.

달팽이는 그늘지고 습기 찬 곳이라면 어디에서나 살 수 있습니다.

이끼 무리를 갉아 먹을 수 있는 환경이라면 더 좋고요. 종류에 따라 밭 가까이에 사는 달팽이들은 옥수수나 배추 잎, 무 이파리를 갉아먹고 삽니다.

공벌레와 쥐며느리는 절지동물에 속하는 동물입니다. 새우나 가재, 게 등과 같은 갑각류에 속하지요. 그러나 물에서 사는 다른 갑각류와는 달리 땅에 사는 갑각류라고 할 수 있습니다. 땅에서도 그늘지고 습기 찬 곳에 많이 살지요. 편평한 땅의 낙엽이나 꽃밭의 돌 밑, 집 주위의 쓰레기 더미를 뒤지면 무리 지어 사는 쥐며느리를 만날 수 있어요.

동물이 살아가는 장소로 물을 빼놓을 수 없습니다. 물에는 강이나 호수 같은 민물도 있고 짠 바닷물도 있고, 민물과 짠물이 조금씩 섞인 물도 있어요.

물속에서 사는 동물 중에 가장 쉽게 생각나는 것은 물고기나 조개와 같은 어패류이지요. 그런데 한강 같은 민물에 사는 물고기와 인천 앞바다 같은 짠물에 사는 물고기는 서로 달라요.

흐르는 강물, 고여 있어 움직임이 없는 호수나 연못, 그리고 바다 등 같은 물만 살펴봐도 깊이에 따라 얕은 곳과 깊은 곳에 사는 것이

🐾 복어
바다에 사는 물고기로, 몸은 긴 달걀 모양이며 똥똥해요. 적에게 공격을 받으면 물이나 공기를 들이마셔 배를 불룩하게 만들지요.

🐾 금붕어
잉엇과의 민물고기로, 어항같이 작은 용기 안에서도 오랫동안 살 수 있어요. 모양과 빛깔이 화려해요.

🐾 거미불가사리
깊은 바다의 바닥에서 사는 극피동물로, 지름 2㎝의 몸통에 길이 7㎝의 팔이 5개 달려 있어요. 몸은 편평하고 표면에 작은 비늘이 빽빽하게 덮여 있어요.

🐾 도롱뇽
밤에 주로 활동하는 양서류로, 몸길이가 7~12㎝예요. 알은 물 속에서 낳지만, 생활은 땅 위에서 해요.

서로 다르답니다.

또 물속에는 어패류만 있는 것이 아니라, 불가사리 같은 극피동물도 있고, 고래 같은 포유류도 있어요. 개구리나 도롱뇽처럼 물과 땅 양쪽에서 다 살 수 있는 양서류도 있고요. 이렇게 물속에서도 서로 다른 종류의 동물들이 함께 살아가지요.

그런데 동물이 살아가려면 반드시 먹이가 있어야 합니다. 물속에 사는 동물은 어디에서 먹이를 구할까요?

플랑크톤이 물속 동물들의 먹이가 됩니다. 플랑크톤은 물속에 살지만 우리 눈에는 잘 보이지 않아요. 작은 물고기들은 플랑크톤을 먹고 살고, 큰물고기는 작은 물고기를 먹고 살면서 먹이 사슬을 이루고 있지요.

지금까지 동물들이 살아가는 여러 장소에 대해 살펴보았어요. 그런데 동물은 어디에 사느냐에 따라 그 동물의 종류도 달라지고 생김새와 생활 방식도 달라진답니다. 그러므로 어떤 동물을 잘 살펴보면 그 동물이 어디에서 사는지를 짐작할 수 있지요.

그런데 사람이라는 동물은 매우 특이합니다. 동물들이 사는 장소를 어디든 가리지 않고 드나들며 사니까요. 하늘에는 비행기가, 바다 밑에는 잠수함이 있습니다. 땅 위에는 자동차가 있고, 동물들의 삶의 터전인 산을 깎아 내고 사람이 살 아파트를 짓기도 합니다.

그리고 먹는 것도 땅에서 사는 동물이든 하늘을 나는 동물이든 바다를 헤엄치는 동물이든 마음대로 잡아먹어요. 다른 동물들의 입장에서 보면, 가장 두려운 동물은 동물의 왕이라는 사자나 호랑이가 아니라 사람일지도 모릅니다.

이 지구는 사람을 비롯한 모든 동식물이 함께 살아가는 곳입니다. 그러니까 나무 한 그루를 벨 때에도, 샴푸나 합성세제를 쓸 때에도 꼭 다시 한 번 생각해 보고 지구의 환경을 해치지 않도록 노력해야겠지요?

동물들은 저마다 하늘과 물과 땅에다 사는 곳을 만들고, 알맞은 방식으로 먹을 것을 구한답니다.

하늘에는 날개, 물에는 아가미

사람이 살아가려면 의식주, 그러니까 입을 것, 먹을 것, 살 곳이 필요합니다.

사람은 입을 옷이 필요하지만, 동물은 옷 대신 푸근한 깃털이나 딱딱한 껍데기로 몸을 보호해요.

동물이나 사람이나 살아가려면 음식도 먹어야 하고요.

그러면 집은 왜 필요할까요? 사람은 예부터 추위와 더위를 막고, 적이나 사나운 호랑이 등 위험한 짐승으로부터 몸을 숨기기 위해 집을 지었습니다. 동물도 마찬가지예요. 어떤 동물은 아무 데서나 따뜻한 곳이면 적당히 찾아 들어가 눈을 붙입니다. 그러나 대부분의 동물은 집을 짓거나 일정한 자리를 맡아 놓고 그곳에서 살아가요.

그리고 사는 곳에 따라, 어떻게 먹이를 얻느냐에 따라 동물의 생김새가 달라진다고 했습니다. 동물이 살아가기 위해 환경에 적응했기 때문이에요.

사람은 비행기나 헬리콥터로 하늘을 나는 꿈을 이뤘어요. 그런데 이것은 사람이 혼자 생각해 낸 것이 아니라, 하늘을 나는 동물을 보고 흉내 낸 것이랍니다. 그럼 먼저 하늘에서 사는 동물들을 살펴봐요.

　하늘을 나는 동물들은 모두 날개를 가지고 있어요. 날개를 가진 대표적인 동물은 조류와 곤충이고요. 그런데 조류나 곤충이라고 해서 모두 다 날 수 있는 것은 아닙니다.

　타조나 공작은 날개를 쓰지 않다 보니 멀리 날지 못하게 되었습니다. 그러나 나비, 잠자리 같은 곤충들은 오랫동안 날아다닐 수 있습니다.

타조
키 2~5m, 몸무게 155kg으로 새 가운데 가장 커요. 날지 못하지만, 달리는 속도가 빨라 시속 90km까지 달릴 수 있다고 해요.

이렇게 하늘을 나는 동물은 날개가 발달하고, 날개가 있어도 쓰지 않는 동물들은 날개의 쓰임새가 줄어 날지 못하게 되지요.

그럼 이제 물속에서 살아가는 동물들도 살펴볼까요?

사람은 물에서 헤엄을 칠 수는 있지만 물속에서 살 수는 없습니다. 물속에서는 숨을 쉴 수 없으니까요.

하지만 물고기들의 몸은 물에서 살 수 있는 조건을 갖추고 있답니다. 물에서 숨을 쉴 수 있는 아가미를 가지고 있기 때문이에요. 그리

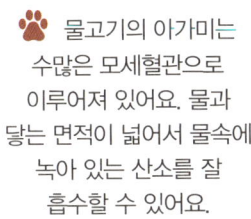
물고기의 아가미는 수많은 모세혈관으로 이루어져 있어요. 물과 닿는 면적이 넓어서 물속에 녹아 있는 산소를 잘 흡수할 수 있어요.

고 계속 헤엄치면서 먹이를 구해야 하니까 헤엄치기 좋게 지느러미가 발달되어 있고요.

물에 뜬 배를 앞으로 나아가게 해 주는 노는 바로 이 지느러미의 모습을 본뜬 것입니다.

과학의 발명품 가운데는 이처럼 자연의 신비를 흉내 낸 것이 많아요.

물고기의 지느러미는 단지 물살을 헤치고 앞으로 나아가는 데만 쓰이는 것이 아닙니다. 지느러미에 따라 쓰임새가 다르지요. 가슴지느러미

> 헤엄치기 좋게 몸이 유선형으로 되어 있어.

는 몸이 한쪽으로 기울어지지 않게 중심을 잡아 주고, 꼬리지느러미는 앞으로 나아가는 데 쓰이며, 등지느러미는 왼쪽 오른쪽, 위아래와 같은 방향을 조절하는 데 쓰입니다.

그럼 물에서 살지만 우리 사람과 같은 포유류인 고래나 물개는 어떨까요? 이들은 새끼를 낳아 젖을 먹여 기르는 포유류이기 때문에 물고기와는 크게 달라요. 이들은 아주 오랜 옛날에는 다리를 가지고 땅에서 살았지만 물이 좋아 물로 돌아간 동물들입니다. 이 동물들을 잘 살펴보면 지느러미에서 사라진 팔다리의 흔적을 엿볼 수 있답니다.

환경에 알맞게 몸이 바뀐 것은 물고기뿐만이 아닙니다. 원래는 네 다리 동물 가운데 하나였던 사람은, 그 네 다리 중 둘을 팔로 쓰게 되면서 두 다리로 서서 걷게 되었어요. 하늘을 나는 새는 다리가 두 개만 필요해서 앞다리 두 개가 날개로 변했고요.

위에서 살펴보았듯이 동물들은 저마다 자기가 사는 환경에 맞추어 살기 좋게 몸이 변했답니다. 하지만 환경에 적응하지 못한 동물들은 살아남지 못했지요. 땅에 사는 동물들의 생김새를 몇 가지 예를 들어 살펴볼게요.

땅속에 사는 두더지나 지렁이는 어떤 생김새를 가졌을까요? 두더지가 땅을 파는 것은 지렁이를 잡아먹기 위해서입니다. 지렁이를 먹

동물의 적응과 진화 과정

동물이 이 세상에 살아남고 자손을 퍼뜨리기 위해 중요한 일은 환경에 적응하는 일이에요. 자신의 천적에게 잡아먹히지 않고 자기 자신도 다른 동물을 잡아먹기에 편리하도록 몸이 자꾸 변해 갔지요. 동물의 몸이 어떻게 생겼는지를 보면 무엇을 먹고 사는 동물인지 짐작할 수 있답니다.

기 위해 땅을 깊이 파헤쳐야 하므로 두더지의 앞다리는 무척 발달했지요. 하지만 두더지는 땅속에서 살기 때문에 그렇게 크고 밝은 눈이 필요 없어요. 그래서 눈은 점점 퇴화했답니다.

또, 우리 눈에는 잘 보이지 않지만 지렁이의 몸에는 튼튼한 '강모'가 달려 있어요. '센털'이라고도 불리는 이 강모 덕분에 뒤로 잘 미끄

러지지 않는답니다.

　지렁이를 잡아서 신문지 위에 올려놓고 실험을 해 보세요. 거친 신문지 위에 올려놓은 지렁이는 앞으로 당기면 잘 끌려오지만 뒤로 당기면 잘 끌려오지 않는답니다. 몸에 난 털들이 신문지를 붙잡고 있어서 마찰을 일으키기 때문이지요.

🐾 **지렁이**
몸이 여러 개의 마디로 이루어져 있고 몸통에 돌기 부위가 거의 없어서 굴을 파기에 유리해요. 피부에서 나오는 미끈미끈한 점액이 땅 위를 기는 데 도움을 주지요.

뱀의 몸에 비늘이 달려 있어서 뒤에서 잡아당길 수 없는 것과 마찬가지예요.

그런데 땅에 사는 파충류인 뱀은 온몸을 꾸물거리며 잘 기어 다니지만, 다리가 없어요. 뱀을 뺀 악어·이구아나와 같은 파충류, 개구리와 같은 양서류, 참새 같은 조류나 개와 말 같은 포유류 등은 모두 다리를 갖고 있는데, 왜 뱀은 다리를 갖고 있지 않을까요?

원래부터 없었을까요, 아니면 사라져 버린 것일까요?

뱀은 굴속에 사는 쥐 같은 동물을 잡아먹으면서 사는데, 그러려면 거추장스러운 다리가 없는 쪽이 유리했습니다. 몸을 한껏 낮추고 기어 들어가야 쥐를 잡을 수 있으니까요. 그래서 환경에 적응하는 동

🐾 **뱀**
몸은 원통형으로 가늘고 길며, 다리와 눈꺼풀, 귓구멍이 없고 혀는 두 가닥으로 갈라져 있어요. 진동에 민감하고 혀로 냄새를 맡아요.

안 다리는 점점 퇴화되고 뱀의 몸속에는 다리의 흔적만 남게 되었습니다. 아마 뱀에게 다리를 다시 붙여 주어도 뱀은 별로 고마워하지 않을 거예요. 이미 땅에 배를 붙이고 기어 다니는 생활에 익숙해졌으니까요.

불필요한 것을 가리켜 '사족'이라고 하는 이유를 이제 알겠지요? 사족은 '뱀의 다리'란 뜻이거든요.

여름과 겨울에 푹 자는 동물들

그리스 신화에는 신의 불을 훔쳐다가 인간에게 선물하고 카프카스 산에서 벌을 받는 프로메테우스의 이야기가 있어요. 신화 속의 이야기이지만, 인간은 불 덕분에 한곳에 꾸준히 머물러 살 수 있게 되었답니다. 추운 겨울이 와도 방에다 불을 지펴서 따뜻하게 지낼 수 있으니까요. 물론 사람은 불을 발견하기 전에도 동굴 안에서 겨울에는 추위를, 여름에는 더위를 피했습니다.

사람 말고는 불을 써서 겨울에 추위를 피하는 동물이 없습니다. 이 한 가지만 보아도 사람은 만물의 영장임에 틀림없지요. 그런데

🐾 **토끼**
귀가 길고 뒷다리보다 앞다리가 발달했어요. 겨울이 되기 전에 먹이를 많이 먹어 두고, 겨울이 되면 긴 털로 털갈이를 해 추위를 견딜 준비를 해요.

불을 사용할 줄 모르는 다른 동물들은 추운 겨울이 되면 어떻게 지 낼까요.

몸의 온도가 항상 일정하게 유지되는 정온 동물, 즉 따뜻한 피를 가진 온혈 동물은 조류와 포유류밖에 없습니다.

그래서 우리는 겨울에도 참새나 까치, 토끼, 노루 따위를 볼 수 있답니다. 하지만 뱀이나 두꺼비 같은 파충류와 양서류는 기온의 변화에 따라 체온이 바뀌는 변온 동물, 즉 냉혈 동물입니다. 그래서 매서운 칼바람을 피해 땅속 깊이 숨어 땅에서 나는 따뜻한 기운에 기대 겨울을 보냅니다. 변온 동물치고 겨울잠을 자지 않는 동물은 없다고 보아도 좋지요. 그런데 날씨가 너무 추우면 몇몇 항온 동물들도 추위를 피해 긴 겨울잠을 잡니다. 곰이나 다람쥐 같은 동물들은 굴속에서 겨울을 보내지요. 그런데 곰은 바깥 기온이 따뜻해지면 굴 밖으로 나와 햇볕을 쬐면서 어슬렁거리기 때문에 완전한 겨울잠을 잔다고 볼 수는 없어요.

'겨울 화롯불은 어머니보다 낫다.'는 속담이 있을 정도로, 옛날 사람들은 추운 겨울을 나기가 무척 힘들었대요. 사람뿐 아니라 살아 숨 쉬는 모든 생명에게 겨울나기는 삶을 뒤바꿀 수 있으리만큼 큰 문제였지요.

겨울이라도 바다 속 깊이 사는 생물은 크게 어려움이 없지만, 공기 속에서 살아가는 동물들은 추워질수록 둔해지고 몸속 기능이 떨어진답니다. 몸의 온도도 자꾸만 떨어지게 되고요. 그래서 동물들은 일정한 체온을 유지하기 위해 계속 음식을 먹거나, 겨울잠을 자면서 움직임을 줄이는 것입니다.

　개구리는 겨울잠을 잘 때 사람이 건드려도 꿈쩍도 하지 않습니다. 느긋하게 푹 쉬기 위해 다리를 뻗고 자는 편한 잠이 아니라, 의식을 잃고 추위와 싸우는 잠이기 때문이지요.

　하지만 곰의 겨울잠은 달라요. 완전한 잠이 아니라, 굴속에서 움츠린 채 될 수 있는 대로 몸을 움직이지 않고 있는 것일 뿐입니다.

우리 겨울잠을 자면 봄까지 깨지 않아요.

1분에 40번쯤 뛰던 박동 수는 10번 안팎으로 줄어들지만, 그래도 체온은 다른 동물들에 비해 별로 내려가지 않아서 29도쯤 된다고 해요. 진짜 겨울잠은 추위가 심해질수록 체온도 같이 떨어져서 몸이 얼었다가 봄이 되면 녹기를 되풀이하는 것을 말해요.

추위를 피해 활동을 줄이지요.

겨울잠 ZZZ

백곰
몸길이 2~3m로, 헤엄을 잘 치며 주로 북극 지방에 살아서 북극곰이라고도 해요. 겨울잠을 자지 않고 바다표범, 물고기, 바다새 등을 잡아먹어요.

   곰처럼 그냥 웅크리고 있다가 날씨가 풀리면 굴 밖에서 어슬렁거리고, 칼바람이 불면 다시 굴로 기어 들어가는 것은 진짜 겨울잠이 아닙니다. 추위를 피해 활동을 줄이는 것뿐이지요.

   개구리나 뱀 같은 변온 동물들의 겨울나기가 진짜 겨울잠이라고 할 수 있습니다. 청개구리가 어떻게 겨울잠을 자는지 알아볼까요?

   청개구리는 가랑잎 덤불 속에 몸을 파묻고 자기 몸까지 꽁꽁 얼린 채 겨울나기를 합니다. 같은 개구리라도 물개구리가 잘 얼지 않는 냇물 속에 숨거나 참개구리가 굴속에 떼 지어서 잠들거나 하는 것과는 약간 다르지요.

🐾 **청개구리**
몸길이 2.5~4cm로 '나무개구리'라고도 해요. 풀이나 나무 위에 살면서 5~7월 무렵, 논에 괸 물에 알을 낳아요. 겨울이 오면 흙 속에서 겨울잠을 자요.

이때 청개구리는 몸 색깔도 거무스름하게 변하고, 건드려 보아도 몸이 쇳덩어리처럼 뻣뻣하게 굳어 있어요. 심장과 대동맥이 맞닿은 곳만 피가 돌아서 겨우 목숨만을 이어 갈 뿐이며, 다른 몸속 핏줄도 얼어 버린 불쌍한 상태랍니다. 말하자면 냉동 청개구리인 셈이지요.

이렇게 동물들은 저마다 환경에 적응하기 위해 여러 가지 방법을 가지고 있답니다.

물속에 사는 동물들은 어디 따로 숨을 필요가 없습니다. 강물은 얼더라도 표면만 얼 뿐 깊은 속까지 얼지 않으니까요. 물속 동물들은 땅 위에서 살아가는 동물들보다 오히려 더 따뜻하게 지낸답니다.

🐾 강물 속은 기온 변화가 적어서 겨울에는 바깥보다 훨씬 따뜻하고, 여름에는 더 시원해요.

🐾 사하라 사막에 사는 개구리는 더위를 피해 땅속에서 잠을 자다가 비가 내리면 밖으로 나와요.

겨울에 영하 20도까지 내려가고 강물 표면이 얼음으로 덮여도 물속은 여전히 영상 온도를 유지하는 경우가 많기 때문입니다.

반대로 여름에는 30도를 넘는 찜통 더위 속에서도 물속은 10여 도인 경우가 많습니다. 그래서 고래나 물개, 바다표범 같은 동물들이 물로 돌아갔는지도 모르지요. 이들은 오랜 옛날에는 땅에서 살다가 몸의 구조가 점차 바뀌어 바다로 돌아간 동물들이랍니다.

동물들은 너무 더워도 살아가기 어려워요. 우리에게는 선풍기나 에어컨 같은 훌륭한 냉방 기계가 있지만, 동물들은 어떻게 여름을 날까요?

더운 사막의 동물들도 지나치게 덥고 메마를 때는 흙을 파고 들어가 더위를 견딥니다. 한 달이고 두 달이고 흙 속에서 꾹 참고 여름이 지나가기를 기다리지요. 말하자면 여름잠입니다.

사하라 사막에 사는 개구리는 몸이 건조해져 수분이 증발하는 것을 막기 위해 여름에 잠을 잡니다. 그것도 밖에서 자지 않고 모래 속에 굴을 파고 들어가 잔대요.

환경에 알맞게 몸이 변해요

'로마에 가면 로마 사람이 되라.' 혹은 '로마에 가면 로마법을 따르라.'라는 말이 있습니다. 이것은 자기가 놓인 환경에 빨리 적응하라는 뜻이지요. 동물들도 마찬가지예요. 살아가는 데 유리하도록 몸이 적응하며 변하지요.

● 생겨난 곳은 달라도 하는 일은 같아요 **상사 기관**

물에 사는 동물은 어류든 고래 같은 포유류든 지느러미를 가지고 있어서 모습이 아주 비슷합니다. 그런데 물고기의 지느러미는 피부가 변해서 생긴 것이지만 고래의 지느러미는 앞다리가 변해서 만들어진 것입니다. 이렇게 물고기의 지느러미와 고래의 지느러미는 생겨난 곳, 즉 발생 근원은 다르지만 물에서 헤엄치기 쉽게 한다는 점에서 역할이 같아요.

물고기 지느러미는 피부, 고래 지느러미는 앞다리였어요. 둘 다 헤엄치기 좋게 변했지요.

고래의 지느러미

박쥐의 날개

새의 날개

앞다리가 변한 것

곤충의 날개

새나 곤충의 날개는 날기 위해 필요한 것이지요. 그런데 박쥐나 새의 날개는 고래의 지느러미처럼 앞다리가 변한 것이라면, 곤충의 날개는 껍질막이 변한 것이지요.

껍질막이 변한 것

식물이든 동물이든 살아남기 위해 환경에 적응하며 자신의 몸을 변화시키지요.

식물도 비슷한 예가 있어요. 선인장과 장미의 가시는 모양과 하는 일이 같아도 발생 근원은 다릅니다. 선인장의 가시는 잎이 변한 것이고 장미의 가시는 줄기가 변한 것입니다. 이렇게 발생 근원은 다르지만 하는 일과 모양이 비슷한 것을 '상사'라고 해요.

선인장의 가시 — 잎이 변한 것

장미의 가시 — 줄기가 변한 것

● 같은 데서 나도 하는 일이 달라요, 상동 기관

반대로 발생 근원은 같지만 하는 일이나 모양이 다른 경우를 '상동'이라고 합니다. 새의 날개와 고래의 지느러미는 발생 근원이 둘 다 '앞다리'입니다. 하지만 하는 일은 다르지요. 그래서 박쥐나 새의 날개, 사람의 팔, 개의 앞다리, 고래의 지느러미는 상동이지요.

셋은 모두 앞다리가 변한 거예요.

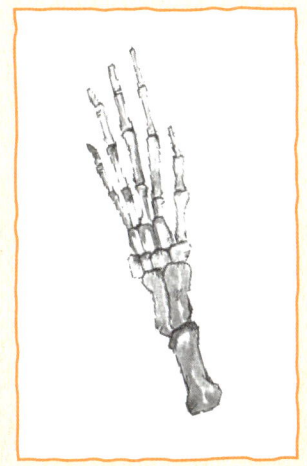
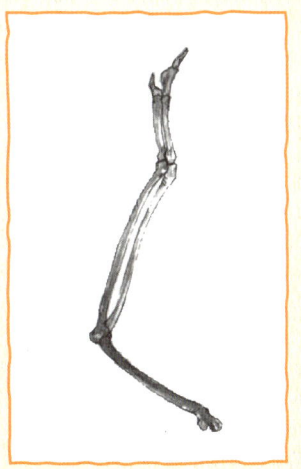

박쥐의 날개 뼈　　　　고래의 지느러미 뼈　　　　새의 날개 뼈

선인장의 가시와 완두의 덩굴손 역시 둘 다 잎이 변한 것이지만 하는 일이 다릅니다. 상동이지요. 이 같은 상동이나 상사가 생기는 이유는 무엇일까요? 바로 각자 자기가 사는 환경에 좀 더 잘 적응하기 위해서입니다. 바다에 가면 물고기를 닮고 사막에 가면 선인장을 닮아 갑니다. 되풀이해서 말하지만, 환경에 적응하지 못한 동물은 살아남지 못합니다.

동물은 무엇을 먹고 살까요?

풀을 뜯는 동물도 있고, 고기를 먹는 동물도 있어요. 사람처럼 둘다 먹는 동물도 있지요. 독수리, 참새, 오리는 똑같이 새인데, 부리 모양이 달라요. 먹이를 먹는 데 알맞도록 '진화'한 것이지요. 동물은 어떤 걸 먹이로 먹을까요? 또 먹이를 먹기 위해 몸은 어떻게 진화되어 왔을까요?

풀을 뜯을까, 고기를 찢을까

동물의 종류를 나누는 기준은 여러 가지입니다. 그중에서도 동물이 주로 무엇을 먹고 사는지, 즉 동물의 식성에 따라 종류를 나누는 방법도 있습니다.

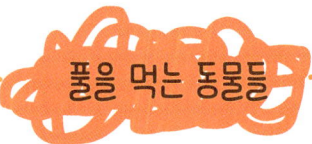

풀을 먹는 동물들

판다는 대나무 잎과 죽순을 좋아해요.

소는 긴 풀을 혀로 말아 앞니로 잘라 먹어요. 위가 4개라서 소화시키는 데 오래 걸려요.

토끼는 커다란 앞니로 풀과 곡물, 열매 등을 잘라 먹어요.

코끼리는 나뭇잎이나 풀을 코로 휘감아 뜯어 먹는데, 하루에 400㎏이 넘는 양을 먹어 치워요.

풀이나 나뭇잎 같은 식물을 먹는지, 자기보다 작은 동물을 잡아먹고 사는지, 또는 둘 다 먹고 사는지에 따라 초식·육식·잡식 동물로 구분할 수 있어요.

코끼리나 토끼 같은 초식 동물은 대부분 온순하고 풀이나 나뭇잎, 열매 등을 먹어요.

고기를 먹는 동물들

호랑이는 날카로운 송곳니로 먹이를 찢어 먹어요.

뱀은 입을 아주 크게 벌릴 수 있어서 커다란 동물도 한입에 삼켜 버려요.

상어는 무시무시한 이빨로 물고기를 잡아먹어요.

부엉이는 뾰족한 부리와 발톱으로 들쥐나 작은 새, 곤충 등을 잡아먹어요.

채소도 먹고 고기도 먹고!

고기를 먹는 육식 동물 가운데는 사자나 개 또는 늑대처럼 행동이 날쌔거나 성질이 사나운 동물들이 많아요. 이런 동물들의 공통점은 창자가 짧고 송곳니가 발달해서 고기를 찢기에 편리하도록 되어 있다는 것입니다.

식물과 동물을 모두 먹이로 삼는 것을 잡식 동물이라고 합니다. 대표적인 동물로는 사람을 들 수 있지요. 이런 동물은 풀만 먹거나 고기만 먹고 사는 동물보다 환경에 쉽게 적응할 수 있다는 장점을 갖고 있지요.

그런데 초식 동물이라고 해서 꼭 식물만 먹는다거나, 육식 동물이라고 해서 동물만 먹는다고는 할 수 없습니다. 먹이가 모자랄 때는 어쩔 수 없이 섞어 먹기도 합니다.

둘 가운데 뭘 먼저 먹을까?

🐾 **구슬우렁이**
구슬우렁잇과의 연체동물이에요. 공 모양의 껍데기는 높이와 지름이 약 4㎝이고 두껍고 매끈매끈해요.

초식 동물로 알려진 달팽이도 죽은 파리나 벌레를 뜯어 먹기도 하고, 동물의 왕이라는 사자도 가끔은 풀을 뜯어 먹기도 하니까요. 다만 '주로' 즐겨 먹는 것이 무엇인가에 따라 나누어 본 결과입니다.

닭은 주로 곡식을 먹지만 지렁이나 메뚜기 따위의 곤충도 잘 잡아먹어요.

집에서 키우는 애완 강아지는 사람 손에서 크다 보니 곡식도 먹고 고기도 먹지만, 자연에서 자란 야생 들개는 육식성입니다. 고양이도 마찬가지이고요.

우렁이도 물풀을 갉아먹는 초식성이 있는가 하면, 다른 조개를 잡아먹는 육식성도 있습니다.

파도에 밀려온 수많은 조개껍데기들이 있는 모래밭으로 다가가 보세요. 조개껍데기들을 가만히 들여다보면, 누가 일부러 파낸 듯이 동그란 구멍이 뚫린 것을 볼 수 있습니다.

누가 구멍을 뚫었을까요? 사람이 조개껍데기로 목걸이를 만들려고 송곳이나 바늘로 뚫은 것일까요? 아니에요. 바로 구슬우렁이의 짓이지요. 구슬우렁이는 바다 속에 사는 육식 동물로, 조개의 옆구리에 구멍을 내어 조갯살을 파먹는답니다. 조개껍데기에 난 구멍은 조개가 잡아먹힌 흔적인 셈이지요.

송충이가 솔잎을 먹고 살듯이, 거의 모든 풀과 나무는 초식 동물의 좋은 먹이가 됩니다. 동물들은 야생 식물도 먹기 때문에, 사람이 먹는 채소와 곡식보다도 그 범위가 훨씬 넓다고 할 수 있지요.

식물도 동물들에게 먹히는 것을 피하기 위해 갖가지 방법으로 자기 몸을 지켜요. 식물은 자기 몸을 지키기 위해 무기인 '독'을 가지고 있습니다. 고사리 같은 나물을 먹을 때 깨끗이 씻고 삶아서 볶아 먹는 것은 그 때문이지요.

이렇게 세상에 살고 있는 모든 생물은 서로 잡아먹거나 잡아먹히는 관계를 맺고 있어요. 이 관계를 '먹이 사슬' 또는 '먹이 연쇄'라고 합니다.

동물들의 먹이 사슬에 대해 간단히 알아볼까요?

🐾 분해자 역할을 하는 세균과 곰팡이 같은 미생물은 너무나 작아서 현미경으로만 볼 수 있어요. 하지만 지구 상의 모든 생물 가운데 가장 오래 전부터 살아온 강한 생명체랍니다.

태양빛을 받아 스스로 양분을 만들어 내고 쑥쑥 자라는 식물을 가리켜 '생산자'라고 해요. 이 생산자를 먹는 것은 주로 초식 동물입니다. 이를 '1차 소비자'라고 해요. 다음으로 초식 동물을 먹는 것은 육식 동물인데, 이를 '2차 소비자'라고 합니다.

이 모든 생물은 죽어서 땅속에 묻힌 뒤 형체도 남지 않고 사라져요. 먼저 살던 생물들이 자리를 내주어야 다음 세대의 동식물들이 살아갈 수 있지요.

이들을 형체도 없이 썩어 사라지게 도와주는 것이 세균, 곰팡이 같은 것들인데, 이들을 '분해자'라고 합니다.

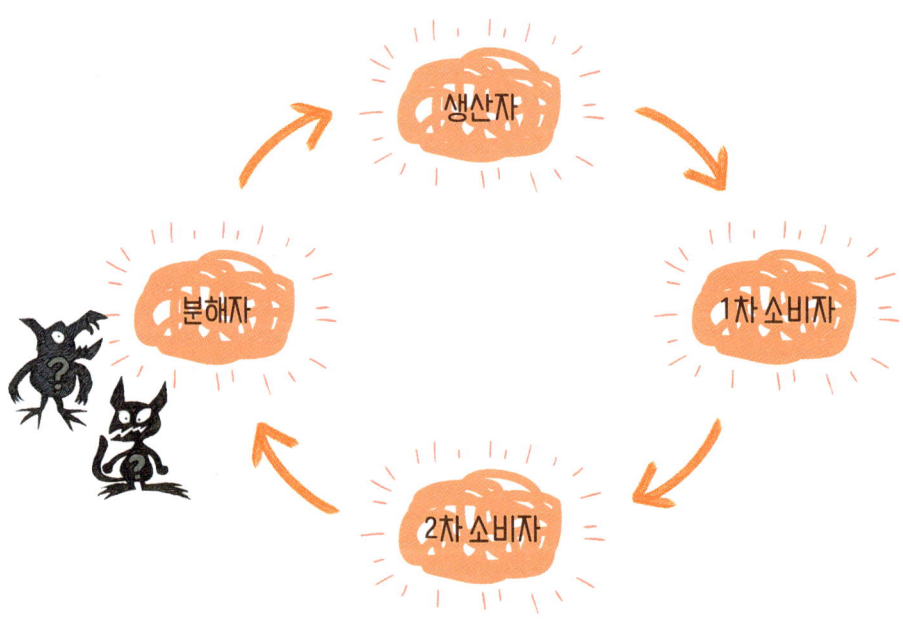

오리의 부리가 넓적한 까닭

다음 그림에 나와 있는 여러 가지 새들의 부리 모양을 잘 살펴보세요. 저마다 다 다르게 생겼어요.

얼굴 모양도 색깔도 모두 다른데 그까짓 부리 모양이 다른 것쯤 뭐가 새로울 게 있느냐고요? 그렇지 않습니다. 새들의 부리 모양이 서로 다른 데는, 얼굴 모양이 다른 것과는 달리 중요한 이유가 숨어 있답니다.

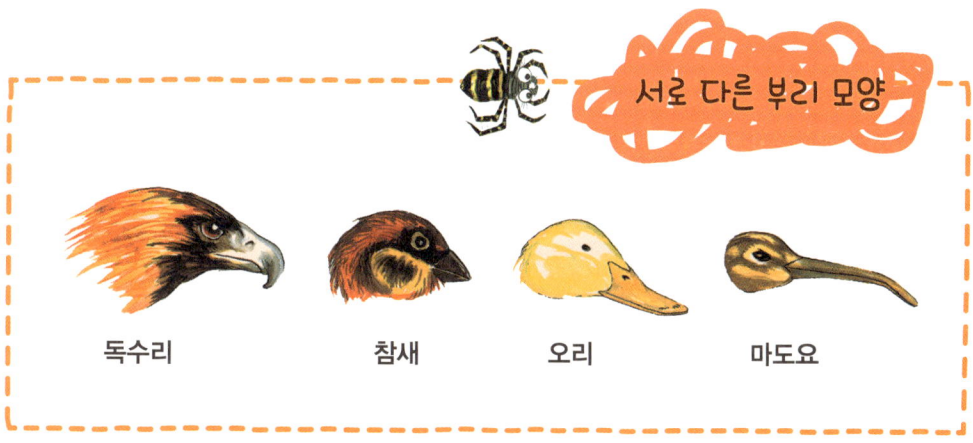

서로 다른 부리 모양

독수리 　 참새 　 오리 　 마도요

독수리는 하늘을 날다가 토끼 같은 작은 동물을 낚아채어 먹고 삽니다. 재빠르게 낚아채어 한입에 물어뜯어야 하기 때문에, 독수리의

부리는 고기 살점을 뜯어먹기에 알맞게 생겼어요. 그에 비해 참새의 작고 귀여운 부리는 곡식이나 작은 벌레를 잡기에 알맞게 생겼지요. 오리의 부리는 넓적한 데 비해 마도요의 부리는 뾰족합니다. 마도

요는 갯벌에 사는 작은 게나 소라를 잡아먹기에 좋게 부리가 휘어져 있고, 오리는 물속의 물고기나 물풀 등을 걸러 먹기에 좋게 부리가 넓적한 주걱 모양이지요.

그런데 이 새들의 부리 모양이 처음부터 이렇게 생겼던 것은 아닙니다. 오랜 세월을 거치며 변화한 끝에 오늘날 우리가 보는 모양으로 바뀐 것입니다.

동물은 먹지 않고는 살 수 없습니다. 먹고살기 위해서 새의 부리는 자기가 사는 환경이 육지인지 바다인지 강인지에 따라 그에 알맞게 변화되어 왔습니다. 이런 변화를 '적응의 법칙'이라고 해요.

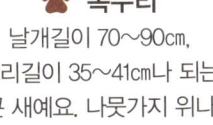
독수리
날개길이 70~90cm, 꼬리길이 35~41cm나 되는 큰 새예요. 나뭇가지 위나 바위 위에 둥지를 틀고 한 배에 1개의 알을 낳아요.

이 적응의 법칙에 따라 적응을 잘한 동물은 살아남고, 그렇지 못한 동물은 사라졌습니다.

이와 같은 적응의 법칙을 '다윈의 법칙'이라고도 합니다. 다윈은 진화론을 연구한 과학자로, 갈라파고스 섬에서 동식물을 연구하면서 진화론을 주장했습니다. 다윈의 진화론은 과학의 발전에 큰 영향을 미쳤답니다.

다윈의 진화론

찰스 다윈(1809~1882)은 의사가 되라는 부모의 바람을 저버리고 케임브리지 대학에서 목사가 되기 위한 공부를 했습니다. 그러나 종교를 연구하는 동안 다윈은 생물이 그대로 있는 게 아니라 변화를 거친다는 생각을 하게 되었어요.

하느님이 만든 모든 것은 변하지 않는다는 것이 그때까지 변할 수 없는 종교 사상이었습니다. 그러나 다윈은 '변하지 않는 것이란 없다'는 생각을 하게 된 것이지요.

다윈은 1831년에 작은 돛단배 비글 호를 타고 갈라파고스 섬으로 떠납니다. 갈라파고스란 '거북'이라는 뜻을 가진 에스파냐 어입니다. 다윈이 처음 발견한 그 섬들에 아주 큰 거북(갈라파고스코끼리거북)이 많이 살고 있었기 때문에 이런 이름이 붙었지요.

이때 다윈은 갈라파고스 섬에 사는 동식물의 조상은 원래 남아메리카 대륙의 동식물과 같았으나, 다른 환경에 적응하며 그 모습이 바뀌었다는 결론을 얻었습니다.

그중에서 '핀치 새'라는 새는 다윈의 이와 같은 믿음과 주장에 큰 영향을 미쳤습니다. 섬에서는 몰랐으나 고국에 돌아와 채집해 온 핀치 새들을 실험대 위에 죽 늘어놓고 보니, 조금씩 다른 점이 보였던 것이지요.

갈라파고스의 여러 섬에 사는 핀치 새들은 어떤 먹이를 얻을 수 있느냐에 따라 부리의 크기와 모양이 달라졌단다.

특히 부리의 모양과 크기에 따라 분류해 본 결과 핀치 새가 약 13개 종으로 나뉜다는 사실을 알아냈습니다. 따라서 이 새는 원래는 한 종이었으나 살아가는 환경과 먹잇감에 따라 부리 모양이 바뀌면서 종이 여러 갈래로 나뉘게 되었다는 결론을 내렸지요. 씨앗을 먹는 종, 벌레를 먹는 종, 긴 부리를 가진 종, 유난히 단단한 부리를 가진 종 등 여러 가지로요.

다윈은 고국으로 돌아와 20년 동안 기나긴 준비를 한 끝에 《종의 기원》이라는 책을 펴냈어요. 이것은 인류의 사상에 혁명과도 같은 중요한 사건이었습니다.

진화란 곧 바뀜입니다. 다윈의 진화론을 요약하면 다음과 같아요.

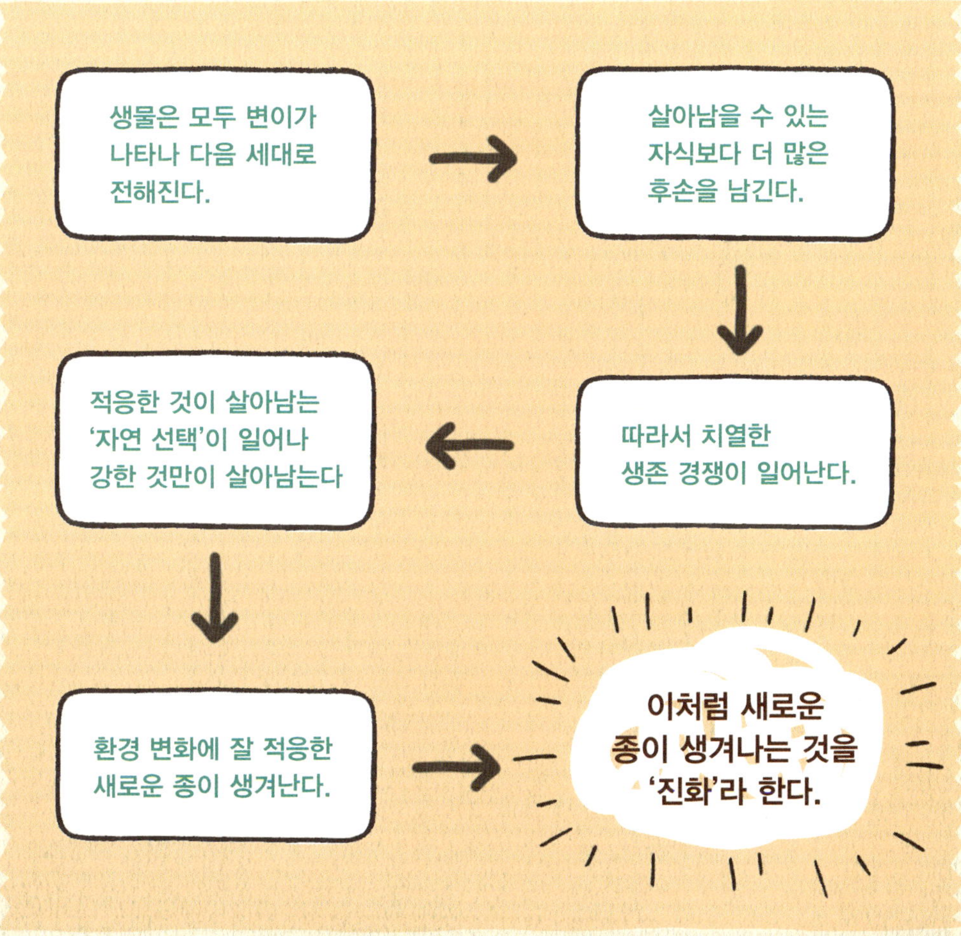

생물은 모두 변이가 나타나 다음 세대로 전해진다. → 살아남을 수 있는 자식보다 더 많은 후손을 남긴다. ↓ 따라서 치열한 생존 경쟁이 일어난다. ← 적응한 것이 살아남는 '자연 선택'이 일어나 강한 것만이 살아남는다 ↓ 환경 변화에 잘 적응한 새로운 종이 생겨난다. → 이처럼 새로운 종이 생겨나는 것을 '진화'라 한다.

자연과 생명을 사랑한
생물학자

칼 폰 린네(1707~1778)

스웨덴의 생물학자예요. 식물의 학명을 속명＋종명으로 표기, 오늘날 사용하는 생물 분류법인 이명법의 기초를 마련했어요. 1735년 《자연의 체계》라는 책으로 분류 체계를 잡았고, 《식물의 종》이라는 책을 통해 동식물을 속명과 종명 2개를 쓰는 이명법을 확립했어요. 린네는 4,000여 종의 동물과 7,000여 종의 식물을 연구하면서 분류했는데, 여기에 맞춰 인간도 동물에 속하는 하나의 종으로 분류했어요. 하지만 당시 린네는 '인간을 동물의 한 종으로 분류하다니!'라며 인간을 비하했다고 교회로부터 엄청난 비난을 받았답니다.

찰스 다윈(1809~1882)

영국의 생물학자예요. 대학에서 의학을 전공했지만, 동식물에 관심이 많았어요. 22세에 비글호를 타고 남아메리카, 남태평양, 오스트레일리아 등을 4년 동안 탐사했어요. 그 관찰 기록을 《비글호 항해기》로 출간하여 진화론의 기초를 마련해요. 갈라파고스 군도의 여러 섬에서 잡은 핀치 새의 부리 모양이 서로 다른 것을 보고 진화론을 확신했어요. 진화론은 모든 생물은 환경에 맞게 진화 한다는 것이지요. 개체 간에 경쟁이 일어나고, 부적합한 것은 도태되고, 환경에 가장 적합한 것만 살아남아 진화가 생긴다는 설이에요. 그 뒤 진화론에 관한 자료를 정리하여 《종의 기원》이라는 책을 내게 됩니다. 《종의 기원》은 당시의 종교관과 모순된다는 이유로 큰 논란이 되었답니다.

그레고어 멘델(1822~1884)

오스트리아의 성직자이고 유전학자예요. '유전학의 시조'라고 불려요. 부모로부터 자식에게 이어지는 유전의 비밀을 풀었기 때문이에요. 당시에는 '부모의 유전 형질이 자손에게 골고루 혼합되어 나타난다'고 생각했어요. 하지만 멘델은 이 '혼합유전설'이 아닌, 유전 형질을 전달하는 입자가 있을 거라 생각했어요. 멘델은 수도원의 완두를 오랫동안 연구해왔는데, 완두의 교배실험을 하던 중 1865년 유전의 모든 법칙을 밝혀냈어요. '유전은 섞여나지 않는다, 우성과 열성의 형질이 있다'는 것이었지요. '우열의 법칙' '분리의 법칙' '독립의 법칙'의 세 가지 유전 법칙을 발견했는데, 그 유명한 '멘델의 법칙'이랍니다. 멘델의 연구는 당시에는 인정받지 못했지만, 훗날 유전학의 기초가 된답니다.

루이 파스퇴르(1822~1895)

프랑스의 화학자예요. 미생물학의 아버지로 불려요. 1856년 양조업자들이 포도주가 쉽게 상하는 이유를 알려달라고 했는데, 파스퇴르는 연구 결과 정장적인 발효는 효모 때문이지만, 비정상 발효는 젖산균과 미생물 때문이라고 밝히게 되었어요. 최초로 질병과 미생물을 함께 연구해 전염병의 원인이 미생물이라는 것을 밝혔어요. 그리고 전염병을 방지하기 위해 저온살균을 고안해요. 고온으로 끓이면 균이 죽지만 영양소나 맛은 파괴되지요. 저온살균법은 식품의 맛과 영양소는 지키면서 세균을 없애는 방법이에요. 파스퇴르는 누에병, 콜레라 등 전염병을 연구하고 1877년부터는 인간과 고등동물도 연구하여 가축이 잘 걸리는 탄저병이나 닭콜레라, 광견병 예방법과 주사도 개발했어요.

장 앙리 파브르(1823~1915)

프랑스의 곤충학자예요. 농부의 아들로 태어나 선생님이 되었는데, 공부하기를 멈추지 않았어요. "나는 무한히 작은 것을 해부하고 있다. 나의 메스는 바늘이며, 나의 해부대는 커피 잔 받침이다. 내 표본들은 십여 마리씩 성냥갑 속에 갇혀 있다."라고 말한 것처럼 평생 동안 곤충을 연구했어요. 파브르는 죽은 동물을 해부하고 비교하는 것 보다는 시간이 오래 걸리지만 끈기 있게 관찰하고 기록하는 걸 좋아했어요. 그 결과 《파브르 곤충기》를 집필하게 되었고, 새로운 학문인 곤충학을 개척했어요.

콘라트 로렌츠(1903~1989)

오스트리아의 동물학자예요. 어릴 때부터 새, 물고기, 원숭이 등 많은 동물과 함께 자랐어요. 콘라트는 의학 공부를 하면서도 늘 동물을 관찰했는데, 그 내용을 모조리 기록했어요. 어느 날 알에서 깨어 난 새끼 기러기가 자신을 엄마라고 알고 따르는 것을 보고 '야생 기러기는 태어나자나자 마자 처음 본 상대를 따라간다'는 '각인효과'를 알게 되었고, 기러기를 키우며 회색 기러기의 엄마가 되어 주었어요.
이렇게 4년 동안 갈가마귀 행동을 연구하고 야생기러기와 함께 살면서 동물을 관찰한 결과 그 당시에는 낯선 '비교행동학'이라는 학문을 열었어요. 당시 파블로프나 스키너 같은 학자들은 '동물의 행동은 학습에 의한 것'이라고 주장했는데, 비교행동학은 이 주장과는 반대되는 것이었지요. 비교행동학은 동물들이 본능적으로 타고난 행동을 연구하는 학문이에요.

일리야 메치니코프(1845~1916)

러시아에서 태어난 프랑스 세균학자예요. 어릴 때부터 생명의 탄생과 죽음에 관심이 많았어요. 대부분의 학자들이 병을 일으키는 원인균을 찾아내고 치료약을 연구했지만, 메치니코프는 몸속에서 균을 물리칠 수 있는 면역을 연구했어요. 백혈구의 일종인 아메바 모양의 세포가 이물질을 잡아먹는 것을 보고 면역반응을 발견하게 되지요. 그래서 미생물이 몸 속의 세포에 의해 파괴된다는 '포식 이론'을 발표해요. 이 연구 덕분에 생명체가 병을 일으키는 미생물을 어떻게 물리치는지 밝혀졌어요. 몸속에는 해로운 균만 있는 게 아니라 몸을 지키는 좋은 균도 있고, 균의 종류에 따라 건강이 영향을 받는다는 것을 알게 되었지요.

프랜시스 크릭(1916~2004)과 제임스 듀이 왓슨(1928~)

영국과 미국의 분자 생물학자예요. 이들은 세포 속 단백질을 만드는 유전 정보와 구조를 연구했는데, 두 사람은 함께 1953년 'DNA 이중 나선 모형에 대한 논문'으로 DNA의 구조를 밝혀냈어요. 생물체의 모든 특징을 결정하는 유전자는 DNA 속에 들어 있어요. 크릭과 왓슨은 DNA 구조를 밝혀냄으로써 유전학과 분자 생물학의 기초를 마련했어요. 덕분에 암과 심장병 등 유전병의 치료에 많은 도움이 되었답니다.

제인 구달(1934~)

영국의 동물학자이고 환경운동가예요. 제인 구달은 어려서부터 동물을 무척 좋아해 동물들과 함께 지내기를 좋아했어요. 관련 분야의 학위도, 교육도 받지 않았지만 남자들도 버티기 힘든 탄자니아 밀림에서 40년 동안 침팬지 연구에 몰두했어요. 제인 구달은 침팬지와 가까워지기 위해 다가가고 접촉을 시도하며 늘 곁에 살았어요. 덕분에 침팬지에 대한 연구는 갇힌 실험실에서 자연으로 바뀌게 되었지요. 제인 구달은 오랜 연구 끝에 침팬지가 도구를 사용하고 사회 생활을 한다는 것을 알아냈어요. 1965년 동물생물학으로 박사 학위를 받았고, 지금까지 세계를 돌아다니며 강연을 하고 있는데, 채식과 동물보호의 중요성을 강조하고 있어요.

동물 찾아보기

❶ ▶1권   ❷ ▶2권

1차 성징 ❷ 59
2차 성징 ❷ 59, 62
8자 모양 ❷ 22~23
DNA ❷ 95

ㄱ

가슴 ❶ 29 ❷ 60
가슴지느러미 ❶ 55 ❷ 69, 72
가시 ❶ 72~73 ❷ 42, 68~70
가시고기 ❷ 68~69, 71
가재 ❶ 33, 48 ❷ 43
갈라파고스코끼리거북 ❶ 87
갑각류 ❶ 33, 48
강 ❶ 33, 36~38
강모 ❶ 58
강장동물 ❶ 34 ❷ 103
개 ❶ 26~27 ❷ 27
개구리 ❶ 31~32, 34, 50, 62, 66, 68~69
　　　 ❷ 21~21, 40, 45~46, 88~89, 96, 101
개똥벌레 ▶ 반딧불이
거머리 ❶ 34

거미 ❶ 33~34 ❷ 74~76
거미불가사리 ❶ 49
거미줄 ❷ 44, 74~76
거북 ❶ 31, 34
게 ❶ 32, 48 ❷ 43, 59~60, 63
겨울잠 ❶ 63~67 ❷ 34
결혼 비행 ❷ 79
경계색 ❷ 47~49
계 ❶ 36~39
고등 동물 ❷ 90, 92~93, 96
고등어 ❷ 49
고래 ❶ 34, 50, 56, 68, 70~73 ❷ 37
고추잠자리 ❷ 77
고치주머니 ❷ 76
곤충 ❶ 29, 33, 45, 53, 71
　　　 ❷ 3, 16~19, 29, 33, 36~37, 43, 45~46, 50, 64~67, 74, 76~77, 83, 96~98, 100
골지체 ❷ 94
곰 ❶ 63~64, 66 ❷ 27
곰팡이 ❶ 22, 81~82
공작 ❶ 53
과 ❶ 36~39
과일파리 ▶ 초파리
구슬우렁이 ❶ 80
구피 ❶ 81~82
굼벵이 ❷ 96
귀뚜라미 ❷ 16~19, 65
극락조 ❷ 79~81
극피동물 ❶ 34, 49
금붕어 ❶ 30~32, 34, 49

기린 ❷53
깃털 ❶28, 52   ❷62, 81
까치 ❶63
껍데기 ❶33, 47, 52, 79   ❷60, 96~97
꼬리 ❷18, 27, 42, 54~55, 64, 76
꼬리지느러미 ❶55~56   ❷71
꽁무니 ❷83
꽁지깃 ❷63
꽃등에 ❷50
꿀벌 ❶20   ❷22~24

ㄴ

나무개구리 ▶ 청개구리
나방 ❷41, 102~103
나비 ❶20, 32~34, 53
   ❷13, 25~27, 83~84, 102~103
난자 ❷88, 93, 95
날개 ❶52~54, 56, 71~73
   ❷18~19, 25~26, 33, 36~37, 41, 50, 74, 101, 103
내장 ❷55
냄새 ❶14, 61   ❷12, 22, 24~25, 27, 37, 59, 74
냉혈 동물 ❶63
노루 ❶63
누에나방 ❷101
늑대 ❶26, 78

ㄷ

다람쥐 ❶63

다리 ❶28~29, 56, 60~61   ❷19, 51, 74, 76
다세포 동물 ❶27
다윈 ❶86~89
다윈의 법칙 ▶ 적응의 법칙
단세포 동물 ❶16~17, 27
달팽이 ❶30~31, 34, 46~48, 79
닭 ❶79   ❷61~62, 88, 90
더듬이 ❶29, 46   ❷19, 27, 83, 103
도롱뇽 ❶34, 49   ❷20
도마뱀 ❶31, 34   ❷54~55
독 ❶48, 50~51
독수리 ❶83, 85
돌고래 ❶57   ❷96
두꺼비 ❶63   ❷20
두더지 ❶56, 58
두만가시고기 ❷68
둥지 ❷33, 70, 72
뒷날개 ❷34
뒷다리 ❷19, 33, 42
등뼈 ❶27, 31, 36
등지느러미 ❶55~56
디스토마 ❶34
떨림판 ❷15

ㄹ

로렌츠 ❷22
류 ❶33
리소좀 ❷94

린네 ❶35~37

ㅁ

마도요 ❶83~84
말 ❶60 ❷42
말미잘 ❶34
매미 ❷13~14, 36, 96~97
머리가슴 ❷76
먹이 사슬 ❶80
먹이 연쇄▶먹이사슬
메뚜기 ❷64~65
모기 ❷36~37
목 ❷36~39
몸 색깔 ❶67
무늬 ❷40, 46~47, 49, 52
무당개구리 ❷47~48
무성생식 ❷67~68
무척추동물 ❶27, 31, 33~34
문 ❶33~39
물개 ❶56, 68
물개구리 ❶66
물결나비 ❷41
물고기 ❶32, 44, 48~50, 54~56, 70 ❷25, 45, 82, 88, 92
미토콘드리아 ❷92~95

ㅂ

바다표범 ❶68

바이서리나비 ❷50~51
박쥐 ❶31~32, 44, 71~73 ❷33~35, 37
반디▶반딧불이
반딧불이 ❷28~31
방아깨비 ❷65
배지느러미 ❶55
배추벌레 ❷45~46, 84, 101~102
배추흰나비 ❷45, 83~84, 100~102
백곰 ❷66
뱀 ❶57, 59~61, 63, 66, 77 ❷49
번데기 ❷25, 84, 97~99
변온동물▶냉혈동물
볏 ❷63, 88
보호색 ❷45, 47
부리 ❶77, 83~85, 87~88 ❷88
북극곰▶백곰
분해자 ❶81
불가사리 ❶30~31, 34, 50
불완전 탈바꿈 ❷97
비늘 ❶28, 49, 60 ❷25~26, 64, 68
비늘 가루 ❷25
뿔 ❷42

ㅅ

사람 ❶26, 35~40
사슴 ❷43
사슴벌레 ❶32~33
사자 ❶30~32, 34, 78~79 ❷43, 60~61

산란관 ❷18, 65
산란기 ❷63~64
산소 ❷72, 90
산호 ❶34
살갗 ❷25, 48
상동 ❶72~73
상사 ❶70, 72
상아 ❷43
새우 ❶48
생태계 ❶27 ❷101
성게 ❶34
성기 ❷59
성대 ❷20
세균 ❶11, 22, 81~82
세포 ❶27 ❷93~95
세포막 ❷94~95
센털▶강모
소 ❷42, 90, 96
소리 ❷12~22, 32, 34, 36~37, 45, 59, 63, 74
소리통 ❷14~15, 36
소비자 ❶81~82
소포체 ❷94
속 ❶35~39
속명 ❶39~40
송충나방 ❷102
송충이 ❶80 ❷46, 102
수정 ❷72, 88~90, 93, 95
수정란 ❷88, 90, 95
스컹크 ❷49

신호 ❷22, 26, 29~30, 36~37
실잠자리 ❷79
심장 ❶67

ㅇ

아가미 ❶54~55
아메바 ❶34
악어 ❶60
알 ❷14, 17~18, 20~21, 25, 27, 29, 31, 60, 63~65, 71~73, 76~77, 79, 83~85, 89~92, 98~99
앞날개 ❷19, 34
앞다리 ❶56, 58, 62, 70~72
애벌레 ❷14~15, 18~19, 29, 31, 45, 50, 84, 96~102
야행성 ❷33, 103
양 ❷96
양서류 ❶32, 34, 50, 60, 63 ❷13, 20, 88~89, 96
어류 ❶34, 70 ❷88~89
어른벌레 ❷15, 19, 29, 31, 84, 98
어패류 ❶48, 50
얼룩말 ❷51~52
여치 ❷13, 65
연어 ❷49
연체동물 ❶34, 46, 79
염색체 ❷95
염소 ❷96
오리 ❶83~85 ❷22
오징어 ❶34
온혈동물 ❶63

올챙이 ❷20, 48, 89, 100~101

완전 탈바꿈 ❷20, 48, 89, 100~101

왕잠자리 ❷79

울음주머니 ❷13, 20~21

원생동물 ❶34

위장술 ❷51

유글레나 ❶16~17 ❷34

유성생식 ❷67~68

유전자 ❷66, 79, 85, 104

유지매미 ❷14

육식 동물 ❶78, 80, 82 ❷51

육식성 ❶79 ❷101

으름덩굴큰나방 ❷41

의사소통 ❷12, 27, 29, 33, 59

의태 ❷41, 50

이구아나 ❶60 ❷49

인 ❷94

잉어 ❷63~64

ㅈ

자궁 ❷90

자벌레 ❷41~42

자절 ❷54

잔가시고기 ❷68~69

잠자리 ❶53 ❷77~79, 100~101, 103

잡식 동물 ❶77

적 ❶16, 49
　❷27, 43, 45, 47~48, 50~51, 54~55, 70, 83, 85

적응 ❶20, 52, 56~57, 60, 67, 70~71, 73, 78, 86~89 ❷41

적응의 법칙 ❶85~86

절지동물 ❶33~34, 47~48 ❷77

정온 동물 ❶▶온혈동물

정자 ❷88~89, 93, 95

젖 ❶16, 32, 56 ❷63, 90, 92

젖먹이동물 ❶36

제비 ❶30~32, 34, 45 ❷90

조개 ❶34, 48, 79~80

조류 ❶34, 53, 60, 63 ❷61, 64, 88, 90~91

종 ❶35~39

종명 ❶39~40

종의 기원 ❶89

주행성 ❷102

줄베짱이 ❷46

쥐며느리 ❶47

지네 ❶34 ❷49

지느러미 ❶55~56, 70~73

지렁이 ❶30~31, 34, 56, 58~60, 79 ❷37

진화 ❶11, 57, 89 ❷103

진화론 ❶86~89

짚신벌레 ❶16~17, 34

짝짓기 ❶26~27, 39
　❷18, 21, 27, 31, 64, 66, 74~83, 88~89, 98

ㅊ

참나무 ❷102

참개구리 ❶66 ❷21

참매미 ❷96~97

참새 ❶30~32, 34, 60, 63, 83~84
척추동물 ❶27, 31~32, 34, 36~38
천적 ❷48, 89
청가시고기 ❷68
청개구리 ❶66~67 ❷21
체내 수정 ❷88, 90
체온 ❶63~65
체외 수정 ❷88~89
초식 동물 ❶77~82
초식성 ❶79
초음파 ❷98~99
촌충 ❶34
춤 ❶14 ❷22~24, 71, 79

ㅋ

코끼리 ❶77 ❷43
코뿔소 ❷42
큰가시고기 ❷68~73

ㅌ

타조 ❶53
탯줄 ❷90
털갈이 ❷47
토끼 ❶62, 63, 77, 83 ❷46
퇴화 ❶58, 61 ❷46
틴버겐 ❷22

ㅍ

파리 ❷36, 50
파충류 ❶32, 34, 60, 63 ❷49, 88, 90
페로몬 ❷25, 27
펭귄 ❶34
편형동물 ❶34
평형곤 ❷36
포유류 ❶15, 34, 50, 56, 60, 63, 70 ❷53, 61, 64, 88, 90~91
프리슈 ❷22
플라나리아 ❶30~31, 34 ❷67
플랑크톤 ❶50 ❷73
핀치 새 ❶87~88

ㅎ

하등 동물 ❷90
하루살이 ❷103
학명 ❶37, 39~40
해마 ❷68, 92~93
해삼 ❶68 ❷55
해파리 ❶34 ❷103
허물 ❷19, 98~98
호랑이 ❶34, 77 ❷27, 43, 51
혼인색 ❷64, 69, 72, 81
환형동물 ❶34
황제나비 ❷50~51
히드라 ❶34

자연학교 03
지구는 어디든 동물원이야 1

초판 1쇄 펴낸 날 2019년 9월 20일
초판 4쇄 찍은 날 2022년 7월 10일

글쓴이 권오길
그린이 최경원
펴낸이 신수진
펴낸곳 지구의아침
등록 2013년 11월 8일 (제2013-000209호)
주소 서울시 서초구 신반포로33길64 1-604
전화 070-4175-0730
팩스 070-7757-0730
전자우편 saint0730@naver.com
페이스북 facebook.com/jigueiachim
블로그 blog.naver.com/saint0730
디자인 나비
인쇄 미래피앤피

ⓒ 권오길, 최경원 2019

ISBN 979-11-956594-6-3
ISBN 979-11-956594-3-2 (세트)

- 많은 사람들이 최선을 다해 만들었습니다. 혹시라도 잘못된 내용이 있으면 연락주세요.
- 종이에 베이거나 긁히지 않도록 조심하세요. 책 모서리가 날카로우니 던지거나 떨어뜨리지 마세요.
- 이 도서의 국립중앙도서관 출판예정도서목록(CIP)은 서지정보유통지원시스템 홈페이지(http://seoji.nl.go.kr)와 국가자료종합목록 구축시스템(https://kolis-net.nl.go.kr)에서 이용하실 수 있습니다.(CIP제어번호: CIP2019025859)